OBJETS D'ART

ET DE

CURIOSITÉ

EXPOSITION LE JEUDI 20 DÉCEMBRE 1866

DE UNE HEURE A CINQ HEURES

VENTE LE VENDREDI 21 DÉCEMBRE 1866

A UNE HEURE ET DEMIE TRÈS-PRÉCISE

HOTEL DROUOT

Salle n° 7

Mᵉ ESCRIBE, Commissaire-Priseur

M. ARONDEL, Expert.

RENOU & MAULDE

IMPRIMEURS DE LA COMPAGNIE DES COMMISSAIRES-PRISEURS

Rue de Rivoli. 144.

CATALOGUE

D'UNE COLLECTION

D'OBJETS D'ART

ET

DE CURIOSITÉ

Statues, Groupes & Figures en marbre & terre cuite;
Bronzes italiens, Meubles en ébène & bois sculpté; Pendules
et Cartels Louis XV & Louis XVI; Lustre du XVIe siècle, en
faïence italienne; Faïences françaises & autres, Groupes
et Figures en porcelaine de Saxe; Buis sculptés, Miniatures,
Émaux, Bijoux, Armes, Tableaux, Curiosités diverses;

DONT LA VENTE AURA LIEU

HOTEL DROUOT

SALLE N° 7

Le Vendredi 21 Décembre 1866

A UNE HEURE ET DEMIE, LA VACATION ÉTANT TRÈS-CHARGÉE

Par le ministère de Me **ESCRIBE**, Commissaire-Priseur,
rue Saint-Honoré, 217,

Assisté de M. **ARONDEL**, Expert, rue de Choiseul, 16,

Chez lesquels se distribue le présent Catalogue.

EXPOSITION PUBLIQUE

Le Jeudi 20 Décembre 1866, de une heure à cinq heures

PARIS

RENOU & MAULDE

IMPRIMEURS DE LA COMPAGNIE DES COMMISSAIRES-PRISEURS
Rue de Rivoli, 144.

—

1866

CONDITIONS DE LA VENTE

Elle sera faite au comptant.

Les Acquéreurs paieront CINQ POUR CENT en sus du prix d'adjudication.

L'Exposition mettant le public à même de se rendre compte de l'état des Objets, il ne sera admis aucune réclamation une fois l'adjudication prononcée.

DESIGNATION

Porcelaines.

1 — Soucoupe en Sèvres, décors de fleurs et d'arabesques dont plusieurs sont en creux.

2 — Une soucoupe en Saxe; sujet, une Place publique avec un grand nombre de figures.

3 — Un groupe de trois figures d'enfants, porcelaine de Saxe, sujet l'Astronomie.

4 — Un autre de trois figures faisant pendant, représentant la Musique.

Ces deux groupes sont montés sur leurs socles en bronze.

5 — Une figure de Saxe réprésentant le Rhin.

6 — Une autre, faisant pendant, représentant l'Elbe.

7 — Une figure de femme montée sur un socle rocaille. Pièce remarquable.

8 — Une figure en porcelaine de Saxe : Femme dansant et tenant une bourse.

9 — Une autre figure faisant pendant, représentant un pèlerin.

10 — Deux figures de Saxe représentant un berger et une bergère.

11 — Deux moutons couchés en porcelaine de Saxe.

12 — Deux chevaux   id.

13 — Deux taureaux.   id.

14 — Une figure d'homme tenant une lanterne magique.

15 — Une figure de femme jouant de la vielle, faisant pendant au précédent.

16 — Une figure d'homme jouant de la musette.

17 — Une figure de femme tenant un pot.

18 — Deux tasses en Capo-di-Monte.

19 — Trois tasses de Saxe.

20 — Une tasse de Sèvres avec sa soucoupe.

21 — Un plat porcelaine de l'Inde.

22 — Un grand plat du Japon.

23 — Un flambeau en faïence.

24 — Un flambeau en biscuit.

Ces deux pièces peuvent servir de modèles.

Faïences.

25 — Un plat hispano-mauresque.

26 — Un plat de Gubbio à reflets. Saint Jean au milieu.

27 — Une coupe de Castel-Durante, fond bleu, décor blanc.

28 — Une autre coupe, décor de couleur.

29 — Deux plats de Pesaro à reflets, décor d'arabesques.

30 — Deux autres plats, même fabrique.

31 — Un plat, décor quadrillé, fabrique de Faënza.

32 — Un plat italien.

33 — Un très-beau bassin de Castel-Durante, décor mythologique.

34 — Deux plats, décors divers.

35 — Un plat de Faënza : Femme à deux masques tenant
d'une main un serpent et de l'autre un miroir.

36 — Un grand plat de Moustier, polychrôme, sujet
d'après Callot.

37 — Une écuelle en Moustier de couleur, avec son
plateau.

38 — Une autre sans plateau.

39 — Un seau en Moustier, décor polychrôme.

40 — Une petite commode, même fabrique.

41 — Deux cache-pots en Moustier tenant ensemble, décor
polychrôme.

42 — Un autre de même forme, décor bleu.

43 — Une bouteille faïence de Nevers, datée 1734.

44 — Une faïence peinte d'Avignon.

45 — Un ange de Lucca della Robbia.

46 — Un lustre en faïence italienne à huit lumières, les
branches formées par des fleurs et des fruits sont reliées
entre elles par des guirlandes de fleurs. Pièce très-rare
et très-remarquable. XVIe siècle.

Bois sculpté.

47 — Un cadre de glace en bois sculpté, formé de six Amours entrelacés de guirlandes de roses.

48 — Un cadre italien en bois sculpté découpé à jour, d'une grande finesse d'exécution.

49 — Un autre cadre de même qualité formant bénitier.

50 — Un cadre en bois sculpté; dans l'intérieur, un Christ en ivoire.

51 — Une table Louis XIII en bois sculpté or et noir.

52 — Deux torchères en bois sculpté et doré.

53 — Un prie-Dieu italien en bois sculpté et doré aux armes du comte de Gatto.

54 — Deux tables peintes à sujets mythologiques.

55 — Un cabinet en ébène à tiroirs décorés de verres églomisés du meilleur goût, monté sur son pied en bois tors.

56 — Petite table ébène incrustée d'ivoire et de nacre gravé d'une grande finesse.

57 — Une chaise en ébène richement ornée et incrustée de bois de couleur, d'ivoire et de nacre.

58 — Une table en ébène, avec ornements et filets en ivoire; au milieu, sujet d'après Callot.

59 — Un cadre ébène et ivoire incrusté de pierres dures; au milieu, une mosaïque représentant saint Bruno.

60 — Un bas-relief en bois sculpté : l'Ange Gardien.

Bronzes.

61 — Un reliquaire avec émaux sur le pied. (Inscription de la famille Bartholomi, fin du xve siècle.)

62 — Statuette : Hercule et Cerbère.

63 — Un calice en argent, pied en bronze doré avec émaux.

64 — Un vase mauresque avec inscription.

65 — Dix plaquettes : portraits et sujets. (Ce lot sera divisé.)

66 — Un moraillon de serrure italienne.

67 — Un petit coffret en bronze gravé.

68 — Un marteau de porte italien représentant Vénus entourée de deux dauphins; dans un cartouche la lettre A en argent.

69 — Cinq médailles-portraits seront vendues séparément.

70 — Une grande pendule Louis XV en ébène ornée de cuivre ; à l'intérieur une musique.

71 — Une petite pendule écaille, de Lenoir.

72 — Un très-beau cartel à fleurs Louis XV.

73 — Un autre cartel rocaille de Batiste.

Curiosités, Objets divers.

74 — Une boîte du xve siècle, en cuir gaufré et doré, avec inscriptions, monture en bronze.

75 — Un petit coffre en cuir gaufré.

76 — Une boîte ronde en cuir gaufré, ornements d'un grand goût.

77 — Un étui en cuir gaufré pour cuillère et fourchette.

78 — Un coffre de mariage italien du xiv⁰ siècle, orné de figures et d'ornements en relief et divers blasons.

79 — Un coffre en écaille orné d'argent, en relief, époque Louis XIII.

80 — Un manche de poignard en onyx orientale.

81 — Bas-relief en buis : Tête de guerrier.

82 —   Id.   Autre figure.

83 — Bas-relief en buis, figure entourée d'arabesques.

84 — Une très-belle figure en buis du xvi⁰ siècle, représentant Vénus.

85 — Une autre id. : Diane, faisant pendant.

86 — Un cadre ovale rocaille en poirier, d'une grande finesse d'exécution.

87 — Une plaque en ivoire (Vierge).

88 — Un manche de couteau : Figure d'homme.

89 — Dix miniatures à l'huile dans leurs cadres en bois sculpté et doré. (Sera divisé.)

90 — Un portrait de femme xvi⁰ siècle, cadre doré.

91 — Un portrait d'homme attribué au Bronzin.

92 — Une miniature d'homme attribuée à Olivieri.

93 — Une peinture : Satyre, école de Rubens ; dans son cadre doré et découpé à jour.

94 — Une épingle, quatre bagues en or, émaux et intailles. Seront divisés.

95 — Une croix-reliquaire en cristal de roche.

96 — Deux bagues Louis XIII, décorées de pierres de couleur.

97 — Une clef en or Louis XVI; dans l'intérieur une musique. .

98 — Un émail représentant Louis XV et Marie Leczinska.

99 — Une boîte en cristal de roche, montée en argent émaillé de couleur.

100 — Un bas-relief en argent, sujet d'après Clodion.

101 — Une miniature du XIIIe siècle, représentant la pêche miraculeuse.

102 — Une miniature italienne dans un cadre en fer.

103 — Une tête de saint Paul, brodée en or et soie.

104 — Une lorgnette en émail de Saxe.

105 — Une miniature Louis XVII.

106 — Une miniature décorée de camaïeux blancs et bleus, d'une grande finesse.

107 — Une poudrière en corne de cerf gravée.

108 — Un éventail Louis XV, sujet mythologique.

109 — Un bol en verre de Venise, fond bleu, décoré de blanc opaque.

110 — Un verre de Venise, à pied, avec figures peintes et dorées du XVIe siècle.

111 — Un flacon en verre de Venise.

112 — 20 mètres de dentelle, époque Louis XIII.

113 — Miniature d'après Titien, dans un cadre très-finement sculpté.

114 — Un lot d'étoffes, sera divisé.

Armes.

115 — Un poignard à manche d'ivoire représentant une tête de lion.

116 — Un poignard italien.

117 — Un poignard découpé à jour.

118 — Un poignard du temps des Croisades.

Marbres.

119 — Un vase en porphyre oriental.

120 — Une statue antique, Marsyas.

121 — Une tête en marbre antique, d'un côté Bacchus indien, de l'autre une tête de femme.

122 — Un grand camée représentant le Jugement de Pâris.

Terres cuites.

123 — Une grande terre cuite attribuée à Clodion, composition de 7 figures, représentant le Triomphe de Silène. Ce bas-relief, par son importance, mérite de fixer des amateurs ; il a été exécuté pour le comte de Costa, de Plaisance.

124 — Un groupe de Goudart, formé par 7 figures de nymphes, d'Amours, de satyres et divers attributs, signé : B. J. *fecit*, 1780.

125 — Un enfant sur son socle, attribué à Houdon.

126 — Trois groupes en terre cuite.

127 — Un socle italien du XVIe siècle, représentant des syrènes entrelacées de têtes de Méduse.

TABLEAUX

128 — Paris Bordone : le Christ devant Pilate.

129 — Deux tableaux de fleurs de l'école d'Anvers, datés et signés.

130 — Un autre ovale de même école, plus petit.

131 — Deux tableaux de fleurs, faisant pendant.

132 — Deux portraits de femme, école française.

133 — Un portrait de femme attribué à Nattier.

134 — Trois portraits : Marie de Médicis, Louis XIV enfant et le duc d'Anjou.

135 — Deux tableaux ovales : Enfant jouant avec des animaux.

136 — Un pastel attribué à Greuze.

137 — Un portrait de femme, Louis XIII.

138 — Un portrait d'homme de Michelli, dans son cadre doré.

Renou et Maulde, Imprimeurs de la Compagnie des Commissaires-Priseurs, rue de Rivoli, 144.   57493

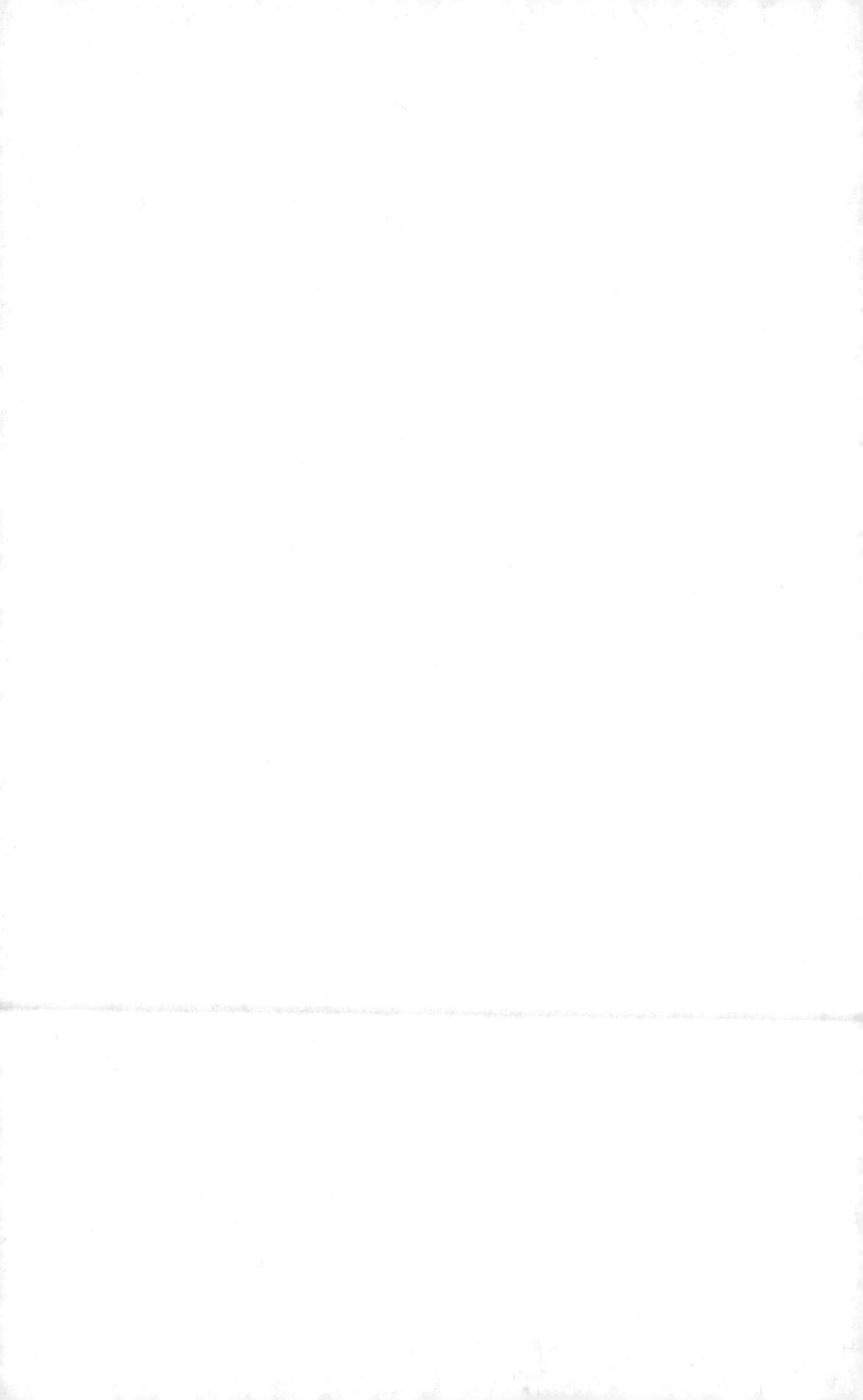

www.ingramcontent.com/pod-product-compliance
Lightning Source LLC
LaVergne TN
LVHW010849180726
843502LV00009B/3787